AF338008

LES VIES DIFFICILES

PAR

A. FÉE

LES VIES DIFFICILES.

III. UN COLON.

Ce n'est pas un roman que j'écris, c'est une histoire; je n'invente rien, je raconte. Si mon récit n'intéresse pas le lecteur, ce sera ma faute, car le héros dont je vais parler, placé dans des circonstances difficiles où il y allait de son salut et de celui de ses compagnons, sut déployer contre la mauvaise fortune, sans pouvoir parvenir à la vaincre, toutes les rares qualités dont étaient doués les hommes qui, sachant la dominer, conduisirent à bonne fin des entreprises glorieuses, utiles au pays. L'emploi des forces viriles, la fermeté, le courage, la persévérance, la complète abnégation de tout sentiment personnel ne sauraient différer de valeur en raison de l'importance plus ou moins grande des résultats obtenus. Les efforts ont été pareils, pareille estime leur est due.

Pendant plusieurs années nous avons vécu de la même vie, souffert ensemble, aimé les mêmes personnes, fait les mêmes études; les liens de la plus étroite parenté n'auraient pu rien ajouter aux sympathies qui nous ont attachés l'un à l'autre. Quoique près d'un demi-siècle se soit écoulé depuis le jour où, parti de Paris, il est allé terminer en Afrique sa vie de labeur, je crois avoir encore devant moi sa douce et pâle figure.

Il semblerait qu'il existe deux sortes de photographie: l'une qui agit extérieurement et par d'autres que nous pour reproduire l'image fidèle de nos amis; l'autre, plus mystérieuse, qui opère en nous par le cerveau pour y graver d'une

façon indélébile les traits de ceux que nous avons aimés.
C'est celle-là qui va me permettre de reproduire un por-
trait auquel le temps a laissé toute la vivacité de son
coloris.

Quand je vis cet ami pour la première fois, il avait à
peine vingt ans, quoiqu'il parût en avoir davantage. Sa
figure était grave. Ses traits, dans leur ensemble, rappe-
laient une belle médaille antique, avec un front intelligent,
un nez légèrement aquilin, une bouche petite et un men-
ton creusé d'une fossette. Suivant ce qu'il éprouvait pour
les personnes en présence desquelles il se trouvait et l'im-
pression qu'il recevait des paroles qui lui étaient dites, sa
physionomie s'impressionnait très-diversement, tantôt ai-
mable et gracieuse, tantôt sérieuse et ennuyée. En voyant
ses cheveux noirs et son teint bilieux, on l'aurait cru né sur
les bords du Tage ou du Guadalquivir, mais il était bien
Français de cœur et de patriotisme. Il avait la parole brève
et bien accentuée, plus disposé à écouter les autres qu'à
parler lui-même. Réservé avec les gens qu'il ne connaissait
pas, il se laissait aller avec ses amis à d'aimables causeries,
pendant lesquelles il se montrait surtout judicieux, car chez
lui le jugement l'emportait sur l'esprit. Ce n'était pas qu'il
en manquât, mais il ne se laissait voir que par le côté solide
et non par le côté brillant. On s'étonnait chez lui d'une sail-
lie, comme chez beaucoup de nous d'une phrase parfaitement raisonnable, car alors l'étourderie de nos actions était
confirmée par l'étourderie de nos paroles. Notre petit
groupe — et j'aurai l'occasion d'en parler plus tard —
n'était pas sans quelque valeur intellectuelle; il avait son
Horace, son Cicéron, son Virgile à la très-petite mesure;
il en était le Lucrèce et presque le Caton. Sous des dehors
froids il cachait une âme ardente. Tout ce qu'il aimait devenait pour lui l'objet d'un culte; il se montrait passionné

pour la vertu, pour la liberté, pour les nobles dévouements. Sa vie n'était à lui que pour en faire le sacrifice, si ses devoirs d'homme et de citoyen l'exigeaient.

Tel fut l'ami dont je vais raconter l'histoire.

I.

Auguste Rain était né vers 1793, dans une localité, bourg ou village des environs de Meaux, d'un père cultivateur qui épuisa ses faibles ressources pour donner à ses fils — il en avait trois — une éducation supérieure à celle qu'il avait reçue de ses parents, afin qu'ils eussent dans le monde une position plus relevée que la sienne. C'était un père ambitieux qui se trompait, comme bien d'autres, cherchant très-loin pour ses enfants un bonheur qui se trouvait sous sa main. Ses intentions étaient excellentes, mais il comprenait mal ses intérêts et ceux de sa famille. La ferme qu'il exploitait était productive sans doute, et pourtant elle le fût devenue infiniment plus, s'il avait été mieux secondé. Il possédait un trésor dont il ne voulut pas tirer parti. Trois fils, quelle richesse pour un paysan ! Ils eussent cultivé son domaine, qui se serait amélioré et agrandi. Tous étaient vigoureux, tous avaient en eux l'amour du bien ; restés cultivateurs, ils se fussent mariés avec des filles de leur condition, sans trop s'éloigner de leur père, dont ils auraient honoré la vieillesse et fermé les yeux, tandis qu'il mourut pauvre et isolé. Alexandre, l'aîné, se fit marchand de draps dans la rue aux Ours, alors l'une des plus tristes de Paris, et il est grandement permis de présumer qu'il dut y regretter souvent l'air pur et vivifiant de la Brie ; Henry, le second des fils, devint mercier à Meaux, où peut-être il vivote encore, exerçant la vigueur de ses muscles à mesurer des galons et des franges. Le plus jeune, Auguste, eut des destinées moins obscures, une vie plus accidentée, mais aussi plus courte; si elle se fût prolongée, nulle n'eût été mieux remplie ni plus riche en souvenirs honorables.

Dès qu'il put marcher, il fréquenta l'école du bourg. Ce qu'il y apprit ne surchargea pas sa mémoire et ne fatigua guère sa jeune intelligence. Il arrivait morfondu en hiver, le nez rouge, les doigts gonflés par les engelures; en été haletant de chaleur et distrait par les beaux rayons de soleil qui tapissaient d'or et de pourpre les murs enfumés de la classe. Auguste n'aimait pas à se mêler aux jeux bruyants des enfants de son âge, qu'il dépassait, sinon en savoir, du moins en intelligence; sa nature était autre et il le sentait. Ses petits compagnons avaient l'instinct de sa supériorité et ils ne lui accordaient pas leurs sympathies. Parfois on en venait aux coups; cependant, comme les agresseurs y trouvaient rarement leur compte, on le laissa tranquille. Très-jeune encore, il aimait à réfléchir. Il m'a dit souvent, se rappelant cette époque de sa vie, combien déjà les pensées se pressaient nombreuses dans sa tête et combien elles étaient en désaccord avec sa toute petite personne.

L'intelligence des enfants date presque de leur naissance, et si nous ne pouvons sur nous-mêmes en mesurer l'étendue, c'est que tout s'efface dans notre souvenir. Dès l'âge de six mois, le poupon sourit à sa mère; il a des idées, il voit, il entend, il compare, il se souvient, il sait appliquer les mots aux choses; chaque jour étend son vocabulaire et avec la plus surprenante rapidité. Déjà se montrent l'égoïsme, la colère, la violence des désirs, la vanité, la jalousie, l'instinct de la liberté. Ce cerveau, que les physiologistes regardent comme incapable, en raison de sa mollesse, de se livrer à des abstractions, fonctionne alors d'une manière plus active peut-être que le cerveau d'un adulte. L'enfant doit tout apprendre et, chose merveilleuse, il apprend tout, sans maître et sans avoir une base sur laquelle il puisse s'appuyer. C'est un profond métaphysicien qui ne l'a pas su et qui opère en suivant, sans s'égarer, des voies mystérieuses et inconnues.

Après avoir passé plusieurs années à l'école du bourg, il dut aller au collége de Meaux pour y continuer, ou plutôt pour y commencer ses études. C'était une grande affaire. Il ne s'agissait de rien moins que de franchir par jour, à pied et par tous les temps, une distance de six à sept kilomètres, emportant dans un petit panier quelques tartines beurrées ou quelque sec morceau de pain avec des noix ou des pommes ridées. Chemin faisant, l'écolier écornait ses provisions de la journée, et le soir il le regrettait, quand au retour l'appétit devenait pressant, ce qui ne l'empêchait pas de recommencer le lendemain.

En hiver il fallait lutter contre le froid et piétiner la neige ou la boue glacée; mais il s'en consolait s'il pouvait essayer des glissades sur l'eau congelée des fossés; étaient-elles heureuses, il riait sans se préoccuper du préjudice qu'avaient pu encourir les sabots ou la culotte. En été, malgré la chaleur et la poussière, les conditions étaient meilleures. Du reste, il se consolait de tout. En janvier il marchait vite pour avoir chaud, et vite en juillet pour avoir chaud moins longtemps.

Auguste, pendant ces trajets de chaque jour, dès qu'il fut sorti de la première enfance, méditait sur une foule de sujets, bien différents de ceux qui se rapportaient à ses études, et elles en souffraient. Il rêvait république romaine, foudroyait avec Cicéron les Catilinats et les Antoines, maudissait César, ce conquérant qui ne fut pas assez grand pour honorer la défaite de Vercingétorix. Il demandait à Corneille le secret des grands sentiments, exprimés en grands vers; fredonnait quelque chanson patriotique ou bien, quand venait le printemps, s'arrêtait dans la prairie ou sur le bord du chemin pour cueillir une plante ou courir après un papillon.

Deux amours allaient passionner sa vie: celui de la nature et celui de la patrie. Il voulut plus tard leur demander le secret d'arriver à la renommée, et cependant il devait mourir inconnu, apprécié seulement dans ce qu'il valait comme caractère et comme intelligence par le petit nombre d'amis qu'il s'était faits.

Ses études furent médiocres. Distrait et rêveur, s'il écoutait la parole du maître, elle arrivait à son oreille sans qu'il cherchât toujours à la comprendre. Tout jeune qu'il était, il donnait la préférence à la littérature sérieuse. Ses livres favoris étaient les études de la nature de Bernardin de Saint-Pierre, bien plus capables de l'égarer que de lui servir de guide, les caractères de La Bruyère, quelques écrits de Fénelon et de Buffon qui le séduisaient par la magie du style. Il aurait bien voulu avoir près de lui des camarades, afin de leur dire ce qu'il éprouvait en lisant ces grands prosateurs, mais il n'en avait aucun qui pût l'aider à mieux en comprendre les beautés.

Nous irions cependant trop loin si nous présentions cet état comme habituel. Il payait largement sa dette aux plaisirs de son âge, non à la ville, mais à la campagne et dans la maison paternelle. Il ne se sentait libre et ne respirait à pleins poumons qu'à ciel ouvert. La ferme avait ses dépendances qu'il parcourait avec une satisfaction toujours nouvelle. L'étable, l'écurie, la basse-cour recevaient ses visites; il connaissait les grands bestiaux par leur nom, et ceux-ci montraient qu'ils le voyaient avec un certain plaisir, quittant la mangeoire et le ratelier pour se tourner vers lui, comme pour lui souhaiter la bienvenue, dès qu'ils entendaient le son de sa voix. Pendant les vacances il se faisait garçon de ferme, endossait le sarrau bleu, maniait habilement le fouet et conduisait gaillardement ses bêtes. A l'époque des foins et pendant la moisson, il restait à la ferme comme auxiliaire, et quand il y rentrait, couché sur le foin odorant ou sur quelque grosse gerbe de froment, aux épis jaunes et bien fournis, il se croyait un empereur romain, traversant la voie sacrée en triomphateur, livré tout entier au plaisir de vivre. C'était là son royaume, et, s'il l'eût voulu, il pouvait y régner en paix sans craindre qu'une révolution le lui enlevât ou qu'une guerre en rétrécît les limites; d'autres destinées moins paisibles devaient être les siennes.

II.

Grande dut être sa tristesse quand il perdit cette indépendance pour entrer comme élève en pharmacie dans une petite ville du département de Seine-et-Oise, dont je ne puis retrouver le nom, ce qui, du reste, importe très-peu, la condition des élèves étant alors partout la même.

Les parents d'Auguste, ne pouvant payer l'apprentissage, stipulèrent que le jeune homme donnerait quatre ans de sa vie pour tenir lieu de l'argent qui, s'il fût intervenu dans le traité d'une manière plus complète, aurait abrégé ce dur noviciat. Aliéner sa liberté pendant quatre longues années, les plus belles de la vie; la jeunesse dans sa fleur, confinée dans l'étroit horizon des quatre murs d'une pharmacie, quoi de plus profondément triste! Sauf le nom d'élève qui relevait la position, c'était une domesticité véritable. Il n'en est plus ainsi maintenant. Les élèves en pharmacie ont été émancipés, et j'aime à me rappeler que je ne suis pas étranger à ce mieux-être. Je sus compatir aux maux que j'avais soufferts et m'efforçai de les adoucir chez les autres. Voici comment j'ai tracé quelque part le tableau de la condition de l'élève en pharmacie d'autrefois; ce sera dire dans quel guêpier était tombé mon héros, si jaloux de sa liberté.

«Se lever tôt et se coucher tard sont deux nécessités de sa position. Être sans cesse debout, travailler sans relâche, manger modérément, paraître toujours surchargé de besogne, même quand il y a peu de chose à faire, sont des devoirs essentiels qu'il ne saurait négliger sans perdre l'affection de ses patrons ou sans s'exposer à ne la gagner jamais. Il doit se résigner à exercer beaucoup ses muscles et très-peu son intelligence. Au lever du jour il ouvre la pharmacie et la nettoie avec toute la recherche qu'apporte une cameriste qui veut gagner les bonnes grâces de sa maîtresse, et qui, pour la première fois, fait l'essai de ses talents dans quelque boudoir élégant. La devanture étant épongée à grande eau, le pavé de la rue balayé, les vitres passées au blanc d'Espagne, il se rend en hâte au laboratoire pour nettoyer les cuivres et rincer les bouteilles. Cela fait, il va porter, au pas de course, petits-laits, sucs d'herbes, potions et apozèmes. Il revient, déjeune en hâte, et dix fois dérangé de son modeste repas, il le termine enfin bien ou mal. Alors arrivent les occupations journalières. Il court du grenier à la cave, de la pharmacie au magasin, du magasin au laboratoire. C'est une poudre à faire dont les particules irritent la gorge, provoquent le larmoiement ou font naître des nausées; une décoction de plantes narcotiques qui troublent le cerveau, une opération de chimie, pendant laquelle on peut redouter une explosion. Au milieu de tout ce tracas d'occupations qui se croisent et souvent se contrarient, arrive le maître qui promène partout un regard scrutateur. — Ceci est mal et pourrait être bien, ceci est bien et pourrait être mieux? Pourquoi avoir fait ceci et non cela? Pourquoi l'avoir fait de cette manière et non autrement? — Il faut prendre pour devise le fameux *tuto et cito* et laisser là le *jucunde*. Car l'un des devoirs de la charge est la gravité. Toujours entouré d'objets fragiles, il ne doit rien casser. On lui dit d'aller vite et il brise un vase: maladroit! On lui recommande la prudence et il va lentement: musard! Le froid le glace, le sommeil le gagne et l'on s'en étonne. Enfin neuf heures arrivent et il y en a quinze au moins qu'il est debout; alors le patron, prenant un air débonnaire, l'autorise à ouvrir un livre et à l'étudier. O chimistes ingénieux! doctes pharmaciens! naturalistes savants! Fourcroy, Baumé, Buffon, ou, qui que vous soyez, dites-le-moi. Quelles réactions seront assez curieuses, quels préceptes assez sages, quels faits assez intéressants pour tenir éveillé longtemps ce malheureux dont les forces sont épuisées? Il soupire, étend les bras, prête l'oreille au tic-tac de la pendule dont il accuse la lenteur et, quand l'heure de la délivrance a sonné, s'il retrouve quelque force, c'est pour fermer l'officine et gagner son triste réduit. Le lit est dur et les draps sont grossiers, qu'importe? Il se couche et bientôt s'endort. Lorsque soudain une sonnette de malheur tinte fortement à son oreille; le bruit recommence; il se lève donc, et d'un pas mal affermi se dirige vers l'officine, à la porte de laquelle l'attend un visiteur malencontreux. Il le sert, à moitié endormi, et va enfin recommencer, s'il le peut, le rêve interrompu qui le faisait croire à la possibilité d'une vie plus libre et plus heureuse. »

C'était à cette longue série de petites misères que le pauvre Auguste avait été soumis. Pour toutes distractions dans la belle saison, à l'époque des récoltes, il montait sur les tilleuls pour en cueillir la fleur; parcourait les marais pour y trouver le ményanthe-trèfle d'eau; allait au bois pour en rapporter la digitale et la scabieuse; puis, chargé de son précieux fardeau, il rentrait à la ville, après avoir goûté quelque repos au pied des arbres ou à l'ombre des buissons. Sa pensée n'était point restée inactive; elle avait erré au gré de son imagination, et les châteaux qu'elle s'était complu à bâtir s'écroulaient sur le seuil de la pharmacie, avant même de le franchir.

Cette vie s'écoula monotone et sans incidents; elle eût continué tout aussi pâle et tout aussi fastidieuse, donnant plus de labeur que de science, si le frère aîné, Alexandre, qui s'était fait remplacer plusieurs fois, n'eût reçu un ordre de départ. Déjà lancé dans le grand commerce, devenir soldat était une ruine. Il voulait acheter un homme et n'en trouva pas; ce fut alors qu'Auguste s'offrit à la place de son frère. Ce sacrifice accepté par la famille, il se présenta au conseil de recrutement, fut reconnu apte au service militaire et, conscrit par dévouement, partit pour Péronne où se trouvait le dépôt d'un régiment de ligne. On était alors en 1813 et de grands désastres militaires qui préludaient à d'autres désastres plus grands encore, rendaient fort courte l'éducation de soldat. Déjà Auguste savait la charge en douze temps, c'était autant qu'il en fallait, et il s'attendait de jour en jour à aller guerroyer en Allemagne, lorsque le chirurgien, chargé du service médical du dépôt, lui suggéra l'idée de demander une commission de pharmacien sous-aide, au ministère de la guerre; ce qu'il fit. Peu après, le conseil de santé lui envoya une série de questions relatives à la pharmacie; il y répondit à huis clos, sous les yeux d'un délégué de la mairie qui fit partir l'œuvre légère du candidat, adressée au bureau des hôpitaux. Quinze jours environ se passèrent encore à faire les feux de file et les feux de peloton et à marcher au pas, quand arriva la commission tant désirée; l'habit militaire fut remplacé par un modeste uniforme, et Auguste partit pour la Grande-Armée quelques semaines seulement avant la bataille de Leipzig.

III.

Il devait, aux termes de sa feuille de route, se rendre au quartier général de la Grande-Armée, alors bien réduite par la mort sur les champs de bataille, par les maladies et les défections. Après avoir passé le Rhin, il se dirigea à petites journées et à pied vers Francfort-sur-le-Mein, où il arriva brisé de fatigues. Désigné pour faire le service dans un des nombreux hôpitaux de la place, il n'y resta que quelques semaines. L'armée était en pleine retraite et les malades affluaient. Comme on avait surtout besoin de chirurgiens, il fut chargé d'accompagner un convoi de fiévreux et de blessés dirigé sur Strasbourg. La saison était rigoureuse et le typhus sévissait ; il en fut atteint pendant la route et prit place sur une voiture au milieu de ses malades, abandonnés à eux-mêmes sans secours. La fièvre le dévorait ; il perdit connaissance et se trouva, quand il revint à lui, dans un lit de l'hôpital militaire de Phalsbourg, où je dirigeais, avec le grade d'aide-major, le service pharmaceutique.

Deux jeunes pharmaciens malades y occupaient une petite chambre et ils y étaient l'objet de toute ma sollicitude : Auguste Rain et un jeune homme de Nancy, du nom de Weiss, requis pour me seconder. Celui-ci laissait peu d'espoir de guérison ; dans son délire il ne voyait que tableaux enchanteurs, champs fleuris, bosquets gracieux, frais ruisseaux ; il souriait constamment, et, se croyant entouré de ses parents, il leur parlait et se persuadait qu'il entendait leurs réponses. Il en était tout autrement du pauvre Auguste, qui voyait tout en noir : champs de bataille couverts de morts et de mourants, précipices, mers orageuses. La mort lui paraissait prochaine, douloureuse, inévitable, et il assistait en idée à ses propres funérailles. De ces deux malades, l'un Tant-pis et l'autre Tant-mieux, ce fut ce dernier qui mourut. M. Rain se rétablit ; sa convalescence fut rapide, et faible encore, il se lança avec le zèle d'une sœur de charité au milieu des typhoïdes et des dyssentériques.

Ils étaient si nombreux que l'hôpital n'avait pu les contenir tous. Chaque jour passaient de nouveaux chariots chargés de moribonds, couchés sur la paille, sans abri contre la rigueur d'une saison froide et pluvieuse. A l'arrivée sous les murs de la ville, on enlevait les morts et les mourants que l'on portait à l'hôpital, pour enterrer les uns et tâcher de soigner les autres; et quels soins étaient ceux qu'on leur donnait! Il ne restait debout et valides que le médecin en chef, M. Steinbrenner, qui avait payé sa dette à la fièvre jaune, pendant la campagne désastreuse de Saint-Domingue avec le général Leclerc, et moi, tout à la fois pharmacien et médecin; un chirurgien de la ville, requis, était chargé des pansements et il n'y pouvait suffire. La mort faisait son œuvre, et chaque jour nous perdions vingt-cinq à trente hommes, tout aussitôt remplacés par les malades que nous amenaient les convois qui se succédaient, nous laissant plus d'hommes qu'il n'en mourait. On en trouvait dans tous les locaux où il avait été possible d'en mettre; malheureusement les fournitures manquaient, point de matelas, point d'oreillers; une couche de paille et le sac du soldat, une mince couverture et une pauvre capote, voilà le lit du plus grand nombre. Les infirmiers mouraient, et ceux qui les remplaçaient cédaient bientôt à l'épidémie. L'aération était insuffisante; partout, malgré les fumigations à la Guiton-Morveau, régnait une odeur suffocante et se dégageaient des miasmes délétères qui éteignaient la vie, comme le gaz carbonique éteint la flamme. Je passais tout mon temps dans cette atmosphère empestée, sans que ma santé en fût notablement troublée; mais quelle tristesse navrante s'emparait de moi à la vue de ce désastre! que de souffrances sans allégements! que de désespoirs muets! que de cris étouffés! combien de morts qui méritaient de vivre et qui, s'ils eussent vécu, auraient glorieusement servi le pays! Nous perdîmes près de cinq cents hommes; un grand tumulus, recouvert d'une mince couche de terre, les reçut tous.

Quand vint l'été, ces corps en décomposition la soulevèrent, et l'horrible puanteur qui s'exhala des fissures de cette terre déchirée fit craindre un instant le retour de l'épidémie dont avait cruellement souffert la population civile; des travaux sagement conduits et promptement exécutés empêchèrent ce malheur dont on prévint les funestes conséquences. Tout l'Est de la France, qui devait quelques mois plus tard subir la douleur d'une invasion étrangère, fut décimé par le typhus.

A cette époque, déjà si lointaine et si féconde en grands événements, la vie de M. Rain et la mienne étaient si bien mêlées que raconter l'une c'est aussi raconter l'autre.

IV.

A peine l'épidémie eut-elle cessé de sévir, que des inquiétudes d'une autre nature commencèrent à nous agiter. La France, déjà envahie au Sud, ne devait pas tarder de l'être vers l'Est; un siége était inévitable, et Phalsbourg, comme toutes les places des frontières, n'avait aucun approvisionnement qui permît une longue résistance. Vivres, munitions, hommes, tout manquait. Toutefois, et sans perdre de temps, la défense s'organisa. Les endroits faibles furent palissadés, les abords dégagés; on arma les remparts de canons et de mortiers; des bestiaux furent achetés, ainsi que plusieurs centaines de sacs de farine. La garnison consistait dans le dépôt d'un régiment d'infanterie légère, grossi d'un certain nombre d'hommes isolés et de convalescents ayant appartenu à tous les corps de l'armée. On eut même un petit escadron de cavaliers, hussards, chasseurs, dragons, cuirassiers, huit à dix hommes par arme. M. de Brancion commandait la place, ayant sous ses ordres le chef de bataillon Gémeau, mort récemment général de division et sénateur; M. Prospre Guerrier de Dumast remplissait les fonctions de commissaire des guerres.

Nos dispositions prises, on attendit. Elles émurent la population sans trop l'abattre. Bientôt l'approche de l'ennemi se fit deviner à l'interruption des communications, et un je ne sais quoi de solennel vint planer sur nos remparts. Enfin, le 12 janvier 1814, les hauteurs se garnirent de troupes ennemies, et dès le lendemain elles firent une démonstration contre la place. Une compagnie de carabiniers, — capitaine Renvoyé, — embusquée derrière les palissades des glacis, les repoussa en leur tuant une douzaine d'hommes; puis tout rentra dans le calme; mais, quand vint la nuit, nous vîmes bientôt des obus sillonner l'air. Les premiers qui éclatèrent tuèrent deux habitants et un jeune sous-officier qui avait ses parents dans la ville. Ces projectiles, auxquels nous envoyâmes en échange et au hasard quelques boulets, incendièrent une grosse meule de fourrage qui était sur la place et mirent le feu à deux maisons voisines. Les flammes, qui s'élevèrent au-dessus des remparts, durent faire croire aux assaillants que nous allions être brûlés vifs, et ils y aidèrent de leur mieux en redoublant leur feu. Nous parvînmes à éteindre l'incendie, et vers le point du jour l'ennemi cessa de nous bombarder. Ce fut alors et durant tout le siége, que M. Rain développa ses rares qualités. On le trouvait toujours au plus fort du danger, sans qu'il en fût ému. Il soutenait les faibles et donnait l'exemple aux forts.

Ce premier bombardement devait nous en faire craindre d'autres, et nous prîmes nos précautions pour prévenir les malheurs qu'ils pouvaient causer ou les rendre moins graves. On blinda l'hôpital, où deux malades avaient été tués dans leur lit, le jour de la première attaque; de l'eau fut mise en réserve à la porte des maisons pour éteindre les incendies dès leur début, et les habitants prirent leurs dispositions afin de pouvoir, au premier obus de l'ennemi, gagner des casemates à l'épreuve de la bombe, laissant leur demeure sous la sauvegarde publique, et cependant tout se faisait avec entrain et gaîté. J'avais improvisé une parodie de la romance : *Partant pour la Syrie*, dont l'air est depuis devenu si fameux; elle ne tarda pas à devenir populaire et j'entendais le soir les gamins chanter en chœur dans les rues que tomber

> Dans un jour de victoire,
> Entouré d'ennemis,
> C'est mourir avec gloire
> Et sauver son pays.

Pour faire preuve de ressources en projectiles, deux gros mortiers furent placés sur le rempart, dans la direction où l'ennemi construisait ses batteries, et nous attendions avec une grande impatience que la nuit fût venue pour les faire parler. Vers huit heures du soir, nous eûmes ce plaisir et nous lançâmes une demi-douzaine de bombes qui éclatèrent avec fracas en lançant un jet de flamme dont toute la campagne resplendit.

Les assiégeants ne voulurent pas riposter et nous nous flattions de l'intimider en continuant notre feu; mais qui le croirait? Ces six bombes étaient les seules qui fussent à l'arsenal, et nous n'avions, pour nous défendre pendant le siége, qu'une trentaine de quintaux de poudre; heureusement que l'ennemi ne pouvait se douter d'une pareille pénurie. Le commandant du génie, M. Ulrich, père de deux généraux que j'ai fait souvent sauter sur mes genoux quand ils étaient enfants, me dit un jour que pour repousser un assaut, nous n'aurions bientôt plus que des baïonnettes.

Deux jours après l'envoi de nos bombes, au point du

jour, nous reçûmes une grêle d'obus qui endommagè-
rent fort la ville et nous tuèrent plusieurs hommes. Nous
tirâmes de la place, sans beaucoup de succès, une cen-
taine de coups de canon. Ce fut là le dernier épisode du
siége. Un parlementaire entra dans la place; il apprit à
M. de Brancion les principaux événements de la campagne
de France. Quoiqu'il en exagérât les résultats, on comprit
que ce n'était pas sous les murs de Phalsbourg que se dé-
ciderait cette grande querelle. Il fut convenu qu'un officier français de la garnison serait envoyé au quartier général de l'armée coalisée pour s'assurer de l'état des affaires; on les disait désespérées. En attendant son retour, une
suspension d'armes fut tacitement convenue. Les troupes
chargées de bloquer la place consistaient en un corps de
Hessois trop peu nombreux pour faire un siége régulier;
il lui suffisait de nous observer.

L'émissaire, porteur d'un sauf-conduit régulier, partit pour
le grand quartier général de l'armée ennemie et le trouva
encore fort loin de Paris. —L'Empereur qui, avec moins de
divisions qu'il ne combattait d'armées, défendait pied à
pied le territoire envahi, avait remporté plusieurs grandes
victoires, et l'officier tarda longtemps à venir rendre compte
de sa mission; toutefois on nous laissa tranquilles, mais bien
gardés.

Nous étions fort mal en vivres. L'ennemi avait détourné
de son cours l'eau qui des hauteurs voisines se rendait
dans l'intérieur de la ville par des conduits qu'il lui avait été
facile de détruire; heureusement que les citernes faisaient
un bon service; cependant elles pouvaient être épuisées, et
cette crainte nous tourmentait. Depuis déjà quelque temps
les bestiaux manquaient et nous n'avions pas de salaisons.
Il fallut, pour nourrir la troupe et les habitants, se décider
à manger les chevaux du petit escadron que nous avions

formé et qui, du reste, nous était parfaitement inutile ; d'ailleurs le fourrage allait manquer. C'était pitié de trouver à la boucherie, suspendues au croc, ces têtes à douce physionomie que l'on n'était pas accoutumé d'y voir ; nous évitâmes ainsi de souffrir de la faim.

Le temps s'écoulait, et, à notre insu, de graves événements se déroulaient loin de nous ; nous en recevions le fâcheux contre-coup. Notre officier ne revenait pas, et des nouvelles désastreuses qui pénétraient jusqu'à nous, venaient nous attrister. Le canon se fit entendre plusieurs fois dans la direction de Strasbourg, et il n'en fallait pas davantage pour nous faire rêver une délivrance prochaine. Les garnisons des places d'Alsace, disions-nous, vont se réunir à celles de Metz et de Thionville ; il en résultera un corps d'armée considérable ; il agira sur les derrières des armées ennemies qui, se trouvant entre deux feux, seront sans peine mises en pleine déconfiture. Vain espoir ; rien de tout cela n'arriva, et notre réclusion continua sans trop nous peser.

Rien ne se passe précisément dans une ville assiégée comme ailleurs. L'incertitude dans laquelle on vit, précipite le dénouement d'une foule de petits épisodes qui font d'abord le charme de la vie et qui plus tard la troublent. On se trouve exactement dans la situation de passagers faisant une même traversée et qui n'ont, pendant un long temps, que les distractions qu'ils se donnent. On a les mêmes plaisirs, on court les mêmes dangers ; la peur du naufrage rapproche les cœurs, les dispose aux douces affections, et la pente qui les entraîne devient bientôt irrésistible.

V

L'abdication de l'Empereur et la prise de Paris terminèrent tout à la fois la campagne et la guerre. Avant de recevoir des ordres réguliers qui devaient émaner du nouveau gouvernement, il fut convenu que nous pourrions sortir de la place dans l'étendue de certaines limites assez restreintes et qui furent déterminées. Ce fut avec un plaisir indicible que nous franchîmes les portes. Le printemps entr'ouvrait déjà le bourgeon des arbres, sous les petits buissons fleurissaient les violettes, et nos remparts se paraient d'un riche tapis de gazon semé de pâquerettes; les rayons du soleil vivifiaient la nature et il nous semblait qu'elle avait pour nous un charme tout nouveau. J'allai dès ma première sortie visiter, près des glacis, un petit jardin que j'avais en location, afin de voir si mes arbres étaient encore debout. J'y trouvai le cadavre d'un soldat hessois, tué lors de la première attaque; il était allé mourir dans un petit pavillon dont je faisais mes délices et qui, dès lors, perdit beaucoup à mes yeux de son charme, par le triste souvenir qu'il me rappelait. Nous eûmes alors — qui l'eût pensé jamais? — une courte satisfaction d'amour-propre. Malgré ses mortiers sans bombes, ses canons sans gargousses et ses arsenaux dégarnis, Phalsbourg nous était pourtant resté, et quand l'armée russe se dirigea vers le Rhin pour regagner ses régions hyperboréennes, nous la vîmes défiler le long des glacis, sans qu'elle entrât dans la place; seuls quelques officiers supérieurs la traversèrent, après en avoir demandé l'autorisation. Plusieurs régiments, très-réduits en hommes, se succédèrent, musique en tête. Des cosaques irréguliers, géants sur des chevaux nains, nains sur des chevaux géants, formaient l'avant-garde; ils étaient bizarrement armés, lances démesurées, sabres et poignards de toutes les formes, mousquets et pistolets de tout calibre. Chaque homme avait son uniforme, et quel uniforme! Grands pillards par instinct, ils portaient presque tous dans leur accoutrement quelques lambeaux de vêtements français et

même d'amples morceaux de robes de femmes, des cha-
peaux effondrés, des mouchoirs de toutes les couleurs et de
toutes les étoffes; c'étaient là leurs trophées. Malgré la situation d'esprit dans laquelle nous nous trouvions, le rire
venait sur nos lèvres et ils riaient de nous voir rire. Puisse
un pareil spectacle ne plus affliger, même en les récréant,
les yeux de nos descendants!

Un commissaire du roi vint bientôt à Phalsbourg nous
notifier le changement de gouvernement et recevoir nos
serments; l'abdication de l'Empereur nous avait déliés de
ceux que nous lui avions prêtés, mais non des liens d'affection qui nous attachaient à lui. Cet envoyé était le type
parfait de ces vieux émigrés qui, accourus à la suite des
armées ennemies, revirent leur patrie à l'époque de nos
plus grandes humiliations. Il nous parla de princes français
dont tout, jusqu'aux noms, nous était inconnu, et il nous
promit monts et merveilles de leur part. On l'accueillit très-
froidement. Il passa la garnison en revue sans que le cri de
Vive le roi! sortît d'une seule bouche, malgré l'invitation
pressante de le faire entendre, qui nous avait été faite par
notre commandant. On nous distribua la décoration du Lys,
consistant en une fleur de lys en argent attachée à un ruban
blanc moiré; nous n'en étions pas plus fiers, et beaucoup,
au lieu de la suspendre à la boutonnière, la mirent en
poche. Les promesses faites par le commissaire du gouvernement ne tardèrent pas à s'effectuer. Je descendis d'un
grade, et notre pauvre ami Rain fut purement et simple-
ment licencié. Il partit pour aller retrouver sa famille, et je
ne tardai pas à le suivre, ayant obtenu un congé, à l'expira-
tion duquel je fis la triste campagne de Waterloo.

Ainsi se trouvèrent brisés les liens qui unissaient un petit
cercle de personnes auxquelles ne manquaient déjà ni un
certain savoir, ni surtout un vif désir de l'étendre davantage.

Même au milieu de nos plus grandes tribulations, nous savions utilement nous occuper; le travail était dans nos goûts.

Le collége de Phalsbourg qui, dans tous les temps, a donné une bonne instruction, possédait alors M. de Rosen, petit-fils du Suédois Rosen-Rosenstein, contemporain de Linné et son collègue à l'Université d'Upsal. Cet étranger, fixé en France par je ne sais quelles circonstances, parlait très-bien notre langue. Il connaissait l'arabe et voulut bien nous l'enseigner. M. Rain, M. G. de Dumast et moi, nous nous y mîmes résolûment. Notre professeur avait mis entre nos mains la grammaire latine-arabe d'Erpenius, et nous aurions dû nous y tenir; il n'en fut pas ainsi, et nous demandâmes à Paris la grammaire arabe de Sylvestre de Sacy, en deux très-gros volumes in-8°. En passant la Marne à Château-Thierry, la diligence tomba dans la rivière; le livre y prit un bain et nous arriva tout mouillé. Quand il eut été séché, nous nous mîmes à l'étudier, mais bientôt nous le trouvâmes hérissé de difficultés; les verbes surtout nous rebutèrent; seul, M. G. Dumast tint bon et sa persévérance fut couronnée de succès; M. Rain et moi, nous nous arrêtâmes en route dès le début du voyage.

M. de Rosen faisait assez bien les vers français, et j'ai eu de lui, entre les mains, un opéra des *Mystères d'Éleusis*, très-correctement écrit, renfermant plusieurs belles scènes. Il avait connu Linné et suivi les leçons de ce grand naturaliste, sur le compte duquel il me raconta plusieurs anecdotes curieuses que j'ai recueillies et publiées.

VI.

Phalsbourg vit donc, vers la fin de 1814, le trio des arabistes se dissoudre; Paris, en 1816, les trouva de nouveau réunis, mais sérieusement occupés à se faire une position dans le monde.

M. Rain, pendant les Cent-Jours, avait été nommé sous-lieutenant dans un bataillon d'élite de la garde nationale de Seine-et-Marne. Un général, dans une revue, ayant appris qu'il avait été officier de santé, en fit, de son autorité privée, un chirurgien aide-major, sans chercher à savoir à quelle branche de l'art de guérir il avait appartenu. Heureusement qu'il ne quitta pas Château-Thierry. Après le licenciement de son bataillon, il se rendit à Paris pour être réintégré dans son grade de pharmacien sous-aide; il ne put y parvenir.

Les événements de 1814 et de 1815 avaient pesé lourdement sur le département de Seine-et-Marne. Le père de M. Rain était mort, laissant des affaires embarrassées. Le fils aîné avait fait de grandes pertes et s'était retiré à Meaux, pour y continuer le commerce à côté de son plus jeune frère. La succession liquidée valut à chacun des fils environ 3,000 fr. C'était avec ce mince capital qu'il devait se créer un état. Il résolut d'étudier la médecine, et les connaissances acquises dans les sciences pharmaceutiques semblaient lui en aplanir la route; non qu'il aspirât d'emblée au titre de docteur; celui d'officier de santé suffisait d'abord à son ambition. Après l'avoir obtenu, il se proposait de faire quelques voyages à bord de bâtiments marchands; il en résulterait des économies, à l'aide desquelles il pourrait reprendre ses études et arriver enfin au diplôme de docteur en médecine. Il s'agissait, dès ce moment même, d'étudier trois longues années, d'acheter des livres et des instruments, de payer les droits d'inscription et d'examen, sans compter une foule de petites dépenses qui se rattachent à ce genre d'études. La somme dont il disposait ne devait pas être exposée aux chances de la spéculation, ni même être confiée à la caisse d'un banquier; il la garda chez lui bien surveillée, prenant chaque semaine la somme nécessaire pour faire face à ses besoins les plus urgents, sans jamais rien en distraire pour les plaisirs; il n'était pas assez riche pour goûter même les moins dispendieux. Pendant ce temps, de 1815 à 1817, il mena la rude vie d'étudiant pauvre et ne dépensa que 500 fr. par an. Comment fit-il et n'a-t-il pas emporté son secret dans l'autre monde? J'habitais alors Paris et je pouvais lui procurer quelques plaisirs, parmi lesquels le plus vif était celui de me voir et de se retrouver avec notre ami, M. G. de Dumast. Il me parlait de ses travaux et du but vers lequel ils tendaient. Sa vie était celle de tous les élèves en médecine d'alors. Les hôtels dans lesquels ils s'entassaient étaient d'une malpropreté repoussante, pauvrement meublés, mal aérés, privés de soleil et de lumière; on y riait pourtant. Il suffit à la jeunesse, pour être heureuse, de rêver le bonheur, et les rêves étaient splendides.

De toutes les études auxquelles ils se livraient, la plus pénible et la plus compromettante pour la santé était, sans contredit, l'anatomie. On disséquait, non-seulement dans les locaux que l'école mettait à la disposition des étudiants, mais encore et bien plus fréquemment dans un grand nombre de maisons particulières où l'on faisait des cours privés. Souvent six, huit et jusqu'à dix cadavres étaient accumulés dans des pièces basses dont elles infectaient l'air. C'étaient de véritables charniers où l'on contractait souvent des maladies mortelles. Le régime alimentaire n'était guère propre à les prévenir. La plupart des étudiants prenaient leurs repas chez Flicoteaux, restaurateur célèbre, au nom burlesque, alors en pleine vogue; le pauvre Auguste Rain y prenait tous les jours un dîner à 15 sols par tête. On se soumettait à ce régime, afin de conserver quelques ressources pour les superfluités, ou bien, et ici c'était le cas, pour faire durer son argent. L'étude dominait la vie et rendait tout le reste accessoire.

Trois ans s'écoulèrent. Les examens furent heureux et le diplôme obtenu devint la récompense d'un savoir établi sur des bases solides; mais un diplôme ne fait pas vivre, il peut seulement en fournir les moyens. Rain pouvait s'établir comme officier de santé dans quelque petite ville de son département, mais il rêvait les courses lointaines, d'autres horizons et une vie aventureuse. Il sentait en lui une grande puissance virile qu'il voulait utiliser; d'ailleurs, il avait une âme républicaine. La Restauration lui pesait. Il voulait bien revoir la France, mais il désirait momentanément la quitter. Une occasion se présenta qui semblait favorable et qui pouvait réaliser ses projets d'avenir.

VII.

Une compagnie pour la colonisation de la Sénégambie s'était formée à Paris sous le nom de Société philanthropique. C'était là le but apparent, le but réel consistait à faire des dupes et à leur soutirer de l'argent. Porter les bienfaits de la civilisation dans nos possessions du Sénégal importait fort peu. On parlait d'or. Les terrains où devaient s'établir les nouveaux colons étaient d'une fertilité sans pareille; la chaleur, tempérée par une douce brise, donnait à la végétation un développement merveilleux; les arbres y avaient acquis des proportions colossales, et ils y étaient nombreux. Dans cet Eldorado, l'herbe couvrait partout une terre arrosée par de nombreux ruisseaux qui bravaient les ardeurs de l'été, et dans la saison des pluies ne quittaient pas leurs rives. Le gibier était abondant et les animaux de carnage ne s'y montraient jamais.

Tout semblait exagéré, et c'est pour cela qu'on y crut, moi tout le premier, qui me sentais sous le charme de ces promesses mensongères. M. Rain résolut de faire partie de l'expédition projetée, et les amis dont il prit l'avis ne lui firent aucune objection sérieuse. En peu de temps la société put réunir un nombre suffisant de souscripteurs qui versèrent chacun une assez forte somme pour la traversée et autres frais mis à leur charge. M. Rain, considéré comme le chirurgien du bord, obtint quelques avantages. Des ouvriers, menuisiers, charpentiers, maçons, furent engagés. On s'entendit sur les approvisionnements à faire, et chacun se fit une pacotille pour commercer avec les Yolofs, naturels du pays. Nous nous cotisâmes tous au profit de notre ami; nous lui offrîmes soixante fusils de traite, deux barils de poudre et un certain nombre d'arbres fruitiers indigènes que l'on avait l'espoir de pouvoir acclimater. Il lui restait environ 1,000 fr. de la succession paternelle. Les acquisitions qu'il fit et le droit qu'il dut payer à la compagnie les absorbèrent; mais il avait une pacotille assez importante et l'espoir de rendre féconde une terre qui n'attendait que des mains industrieuses pour se couvrir d'abondantes moissons.

M. Rain quitta Paris le 3 mars 1817 pour se rendre au Havre, lieu de l'embarquement. — Nos adieux furent solennels et, en dépit que nous en eussions, fort tristes. Toutes chances heureuses, la séparation devait se prolonger durant un grand nombre d'années, et tant de causes pouvaient faire avorter cette entreprise, que rien que d'y penser nous en avions le cœur navré. — Quand au départ nos mains se serrèrent, il nous sembla qu'elles ne devaient plus se rapprocher. Cet ami m'écrivit du Havre, le 17 mai, au moment de mettre à la voile. Il était assez satisfait du personnel qui allait s'embarquer. Il consistait en une soixantaine d'hommes dans toute la force de l'âge; il y avait parmi eux quelques gens de mariés avec enfants déjà grands et leurs mères, tous Français de nation, sans mélange d'aventuriers; il n'y avait que des dupes.

Ils partirent donc, et nous n'apprîmes que longtemps

après, tant les communications étaient lentes, les incidents
de la traversée et l'heureuse arrivée des voyageurs à desti-
nation. Une tempête les avait assaillis en sortant de la
Manche; mais le beau temps revint bientôt et dura pendant
le reste du voyage. Voici en quels termes était conçue la
première lettre de M. Rain, reçue à trois mois de date :

Cap Bernard, par Saint-Louis, 29 juillet 1817.

« Mon bon ami, sachez d'abord que je me suis toujours
bien porté. Quand, après un mois d'une traversée fort heureuse, nous aperçûmes le cap Vert, qui alors ne présentait
à la vue qu'un beau sable blanchâtre et ça et là quelques
arbustes dépouillés de feuilles, à peine voulions-nous en
croire nos yeux. Ce fut bien pis quand nous eûmes pris
terre au cap Bernard ou Bélair[1], pointe qui porte ces deux
noms, lieu le plus aride de toute la péninsule du cap Vert,
et sous tous les rapports le plus impropre à quelque colonisation que ce soit. Aussitôt débarqués[2], nous allâmes à la
recherche des jolis et frais ruisseaux qui devaient arroser
cette terre. Après avoir couru le pays, nous ne vîmes rien
autre chose que des lits de torrents desséchés. Il nous fallut
faire une demi-lieue pour trouver un peu d'eau saumâtre,
recueillie dans un trou, creusé à deux cents pas de la mer.
Les naturels n'ont pas d'autres réservoirs et ils les mul-
tiplient autant que le permet la nature du sol. Le seul
village d'Oua-la-ne, situé à la partie la plus occidentale de
la péninsule, possède un puits de cent pieds de profondeur,
suivant la mesure que j'en ai fait prendre. Je ne saurais
comprendre comment les nègres du cap Vert ont pu faire
un pareil travail. Pour premier établissement, nous avons
fait des tentes avec nos draps. Comme nous étions dans la

---

1. Cette pointe sans importance n'est pas indiquée sur les grandes
cartes.

2. Le 12 avril 1817.

saison sèche, nous n'avions rien à craindre des intempéries de l'air. Toujours un ciel serein et un soleil resplendissant, avec une chaleur tempérée par un vent de nord-est, constamment modéré. Nos effets débarqués, nous allons à la découverte, et après avoir choisi nos compagnons, nous nous répandons sur un grand nombre de points en irradiant. Les premiers jours nous étions armés jusqu'aux dents, fusils, baïonnettes, sabres, poignards, rien ne fut oublié; mais nous vîmes bientôt que rien n'était plus inutile. Au lieu de nous attaquer, les gens que nous rencontrions venaient tranquillement à nous, nous disant en souriant d'une manière enfantine : « Boné ïour, boné ïour, monsu; donné a moa bon taba », et nous offrant en échange du lait et du vin de palmier dans des calebasses. Ce qu'ils désiraient avoir, c'était de la poudre, des balles et surtout du biscuit. Aussi nos armes ne nous servirent-elles plus que contre les canards, les perdrix, les pigeons, les perruches et autre gibier, dont la mort nous était bien plus profitable que celle d'un pauvre nègre inoffensif.

« On a fait de moi un personnage et j'ai été élu par acclamation chef de la colonie. Nous étions à peine arrivés que les plaintes contre l'administration qui nous avait si cruellement trompés, éclatèrent. Les ouvriers engagés, voyant combien notre déception était grande, menaçaient de piller le magasin général, si on ne les payait pas, et l'argent manquait. Si on en était venu aux mains, il y aurait eu bien du sang répandu. Usant de l'autorité qui m'était confiée, je parvins à calmer les esprits, non sans peine. Après avoir longtemps exploré le voisinage, nous avons trouvé un endroit avec des arbres et de l'eau et nous nous y sommes fixés. J'ai fait tracer le plan d'un village, partager des terres, et en attendant mieux, élever des baraques en planches. L'une d'elles est un lieu de réunion générale et nous l'avons décorée du titre pompeux de salle du conseil. Je fais semer, je sème, je plante; un système d'irrigation est établi. Je soutiens le courage de tous et je réussis si bien, que tout le monde travaille à qui mieux mieux. Malheureusement la saison des pluies va venir; c'est celle des maladies, et j'aurai de nouveaux devoirs à remplir. Je tâcherai d'y suffire! ma maison est assez avancée; elle m'a coûté beaucoup de peine. Mon jardin est planté d'arbres fruitiers d'Europe et des pays intertropicaux. Comme il m'a fallu les transplanter plusieurs fois, j'en ai perdu plusieurs. Je compte sur la persévérance et le *labor improbus.*

« Un naturaliste n'aurait pas ici de grandes récoltes à faire. Je suis entouré d'acacias et de loin en loin apparaît l'immense baobab; les *sedum*, les pourpiers, les soudes et quelques autres plantes qui me sont inconnues composent la flore.

« Vous voyez, mon cher ami, que nous ne pouvons plus compter sur les promesses de notre prétendue société philanthropique, puisqu'elle a fait avec nous la traite des blancs.

« Je vous mettrai au courant des progrès de la colonie, si tant est qu'il y ait progrès; je ne vois pas l'avenir en beau, mais je n'en témoigne rien à personne. » . . . .

. . . .

Le lieu choisi par les colons n'était éloigné que d'une lieue de l'île de Gorée, qui leur offrait quelques ressources. Ce qui manquait, c'étaient les bois de construction. L'eau était rare, quelques prairies semblaient propres à la culture du tabac. Dans une lettre à son frère, M. Rain parle de son établissement de manière à le faire regarder comme provisoire, et il lui désigne une localité meilleure à 50 ou 60 lieues du cap Vert, dans la direction du Sud.

La révolte des ouvriers engagés avait été bien plus sé-

rieuse que ne le dit M. Rain. Il eut beaucoup de peine
à rétablir l'ordre. Le mécontentement de ces hommes était
légitime, mais ils n'étaient pas en présence des misérables
qui les avaient trompés; s'en prendre aux personnes déçues
comme eux dans leurs espérances eût été folie et ils auraient aggravé les embarras de leur situation. C'est là ce que
M. Rain leur dit, et ils le comprirent si bien, que de simples
engagés qu'ils étaient, ils devinrent colons et se livrèrent
à la culture des terres. Les Yolofs, sur le territoire desquels
on s'établissait, s'entendaient avec les nouveaux arrivés si
parfaitement qu'ils les aidaient dans leurs travaux autant
que pouvait le permettre leur indolence naturelle. Tout
marchait à souhait; cependant les impatients trouvaient
qu'on pouvait aller plus vite; ils ignoraient que toute colonie est une lutte; peu à peu ils se découragèrent et ne se-
condèrent que mollement le chef qu'ils s'étaient donné.
Rien n'était encore désespéré. On avait fait quelques récoltes en blé, en maïs et en tabac. Plusieurs arbres avaient
porté des fruits, des fruits d'Europe à la saveur si douce
pour des hommes éloignés de la patrie! L'avenir souriait et
ses promesses semblaient faciles à réaliser, quand vint la
saison des pluies. M. Rain s'y était préparé. Les mesures
hygiéniques qu'il avait prescrites retardèrent l'invasion des
maladies dont il est rare que les Européens non acclimatés
n'aient pas à souffrir. Il avait fait soigneusement calfeutrer
les habitations; mais les averses, dont la violence et la con-
tinuité sont si redoutables sous les tropiques, rendirent
toutes les précautions inutiles. Les insectes pullulèrent,
surtout les moustiques, contre la piqûre desquels il était
impossible de se défendre. Les jardins furent en partie dé-
truits; plusieurs maisons renversées. Les santés les plus robustes devinrent chancelantes; des maladies graves sévirent;
il y eut des morts, et tout d'une voix les malheureux colons,

découragés, résolurent de quitter ce triste coin de terre pour se rendre à Saint-Louis, chef-lieu de notre colonie du Sénégal, dont on était distant d'une cinquantaine de lieues environ. Telle était la vivacité de ce désir et la manière dont on l'exprimait, qu'il fallut céder. C'était consentir à une ruine certaine, car presque tous ces colons avaient disposé de la totalité de leurs ressources pour venir à si longue distance chercher une plage aride, au lieu d'une terre fertile qu'ils auraient fécondée s'ils l'eussent trouvée. Des moyens de transport fournis par les Yolofs ayant été réunis, on s'en servit pour le transport des personnes valides et de ce qui restait d'épaves de ce triste naufrage. M. Rain resta avec les malades pour les soigner. Il en perdit quelques-uns, mais le plus grand nombre revint à la santé, et une deuxième colonne se mit en route. Une douzaine de colons, plus éprouvés que les autres, restaient encore et tardèrent longtemps à recouvrer leurs forces. Ce fut avec eux, et en les soutenant de toute son énergie, que notre ami prit la route de Saint-Louis, regrettant ses plantations, quoiqu'elles fussent à demi dévastées, et sa pauvre maison, quoiqu'elle n'eût pu le défendre contre les pluies diluviales. Tout ce qui resta de la colonie pour témoigner de sa courte existence, après que les Européens l'eurent abandonnée, ce fut près d'un rocher un tertre de gazon surmonté d'une croix que respecteront les Yolofs.

M. Rain arriva comme il put avec les débris de sa pacotille. Il les vendit assez bien, et ce qu'il en retira fut partagé avec les colons les plus pauvres. Le gouverneur, M. Smaltz, instruit de sa belle conduite, l'accueillit avec distinction, sans pouvoir rien faire pour lui de considérable. Sachant qu'il ne voulait pas rentrer en France, il lui donna l'intendance d'un jardin d'acclimatation, consacré à des essais de naturalisation d'arbres à épices et de caféiers. Homme d'ordre et d'initiative, M. Rain, frappé du mauvais état de la colonie, avait fait un travail relatif à l'embellissement et surtout à l'assainissement de Saint-Louis; il le soumit au gouverneur, qui goûta ses idées sans chercher à les réaliser, ce qu'il était peut-être dans l'impossibilité de faire. A cette époque, rien de sérieux ne se faisait dans la colonie; il était réservé au colonel Faidherbe seul de lui donner de la vie.

Cependant M. Smaltz conçut le projet de fonder une colonie dans l'île de Todde, à 40 lieues environ de Saint-Louis en amont du fleuve, où les terres étaient excellentes. Elle était petite, mais on pouvait s'étendre sur les deux rives du fleuve. M. Rain se proposait de cultiver surtout le coton. On devait donner à chaque colon autant de terre qu'il en pourrait défricher, avec des instruments aratoires et quelques secours en argent. Ce projet sourit à M. Rain, qui trouvait avec raison que le gouvernement de la colonie présentait plus de garantie que la société philanthropique qui avait donné aux chefs de l'expédition pour 1,187 fr. de marchandises pour payer les ouvriers engagés, acheter des nègres, ainsi que le terrain nécessaire et les matériaux de construction. Cette exiguïté de ressources met à nu la cupidité de la compagnie, uniquement préoccupée de réaliser des bénéfices. En attendant le départ pour l'île de Todde, les vivres et le logement furent accordés aux futurs colons, qui devaient partir en novembre ou décembre, après la saison des pluies. Alors commencèrent les hésitations, si bien que rien ne s'effectua. Après avoir attendu la réalisation de ce projet pendant près d'un an, M. Rain vit bientôt qu'il n'aboutirait pas, et il accepta la proposition qui lui fut faite d'aller à Sierra-Leone pour y remplir les fonctions de pharmacien de la colonie; il s'y trouvait le 25 août 1818 et m'écrivait la lettre suivante de cette résidence, où il devait finir sa vie.

Sierra-Leone, le 25 août 1818.

. . . .

. . . .

«J'ai quitté le Sénégal, ennuyé de ne voir aboutir aucune des espérances dont on me berçait et qui de jour en jour semblaient plus vagues et plus incertaines. Je suis venu, sur l'invitation qui m'en avait été faite, à Sierra-Leone, colonie anglaise, côte occidentale d'Afrique, à 300 lieues environ au sud de Saint-Louis. Cet établissement, commencé il y a près de 25 ans par une compagnie anglaise, avait pour but de porter la civilisation européenne jusque dans l'intérieur du continent africain. Le manque de fonds n'a pas permis de mettre à exécution ce grand projet, et la compagnie, à bout de ressources, a résigné ses prétentions de colonisation entre les mains du gouvernement qui, jusqu'ici, a dépensé de fortes sommes sans résultat considérable. Le territoire de Sierra-Leone est occupé par 10 à 12,000 nègres, provenant des bâtiments négriers capturés par les croiseurs anglais. Ces nègres de toutes races sont répandus dans plusieurs villages autour de la ville de Freetown, la seule de la colonie, mais le nom du territoire est celui de Sierra-Leone, devenu le nom vulgaire et usuel du chef-lieu [1]. Cet établissement ne fournit rien qui puisse être exporté; il y a plus, il faut acheter aux peuplades voisines le riz et le manioc dont se nourrissent les habitants.

« Le sol est d'une grande fertilité, et s'il était bien cultivé, il produirait autant que les meilleurs de l'Inde; mais il y a un grand obstacle : les nègres capturés sont libres aussitôt qu'ils ont mis le pied sur le territoire; comme ils se contentent de peu de chose, aussitôt qu'ils ont du riz pour quinze

---

1. Ce nom de Sierra-Leone, montagne Léonine, semble indiquer que ce point de la côte aurait été occupé par les Espagnols. On sait que les lions infestent les montagnes de cette partie de l'Afrique.

jours, après un travail fait avec mollesse, ils se reposent. Espérons que leur contact avec les Européens stimulera cette paresse et qu'il sera possible de tirer un meilleur parti de ces hommes pour notre avantage et surtout pour le leur. Le pays est un peu trop montagneux et semé de trop de pierrailles, mais il y a plusieurs endroits excellents, et j'ai remarqué, avec autant de surprise que de peine, que ce sont les plus mal cultivés; un grand nombre même attend encore la bêche et la pioche. Au nord de la baie se trouve une terre d'alluvion dépourvue de pierres et point trop montagneuse; étant médiocrement boisée, le défrichement en serait facile. La rivière de Mitombo ou de Benu, qui se jette dans la baie, entoure un nombre considérable d'îles charmantes, mais incultes et inhabitées. Le gouvernement anglais ne les a pas encore achetées, cependant le caractère des nègres est si pacifique que c'est là de préférence que je formerai un établissement agricole.

«Je suis venu ici avec des lettres de recommandation pour le gouverneur général, sir Ch. Maccarthy, qui m'a très-bien reçu et qui me comble de marques de bienveillance; mais cela ne me rapproche pas de mon but, qui est d'arriver à la fortune. Il veut me donner un emploi, que j'exercerai en attendant que je puisse devenir un colon sérieux. J'habite actuellement une de ses fermes, placée sur une colline, près de Freetown[1]. Cet endroit est charmant; le terrain est traversé en son milieu par un ruisseau dont l'eau est excellente; le paysage est le plus merveilleux que j'aie vu de ma vie. On découvre à l'ouest Freetown avec sa baie et la haute mer; des collines disposées en amphithéâtre environnent la ville, dont elles ne sont pas cependant assez rapprochées pour l'abriter contre les vents du sud qui règnent ici con-

---

1. Il y surveillait une plantation de café.

stamment pendant la saison des pluies; au nord et au nord-est se montrent au loin la terre de Boutoun, les vastes prairies entremêlées de massifs de beaux arbres, quelques rivières, des étangs, tandis qu'un peu plus à l'est circule le Mitombo autour de ses îles. Le gouverneur m'a conduit dans les principaux villages; ils ont tous assez d'eau, mais le sol est si pierreux que la culture ne saurait y devenir vraiment productive. Il me reste encore à visiter d'autres localités que l'on dit fort belles, entre autres le poste de la rivière de Sherbero et les îles de Loos, situées à une journée de navigation de la côte. Le gouverneur doit incessamment m'y conduire.

« A Saint-Louis, le peu d'étendue de l'île rendait infructueux tout ce que j'aurais pu faire dans l'intérêt de l'histoire naturelle. Il aurait fallu explorer les îles voisines par des moyens coûteux que je ne pouvais employer. Ici la chose est bien plus aisée, à cause de la grande étendue de terrain que je puis parcourir et aussi parce que le sol est plus fertile. Je vous avais déjà desséché quelques plantes; par malheur les rats, qui sont ici très-nombreux et voraces comme partout, les ont dévorées : autant que je puis en juger, vous aurez en cryptogamie de nouveaux genres à établir. » . .

. . . .

Ainsi M. Rain rêvait toujours colonisation et, comme on le voit, il admirait un grand nombre des sites de Sierra-Leone, cette colonie qui a déjà coûté tant d'hommes à l'Angleterre. On se demande comment il peut se faire que, dans un pays d'une beauté merveilleuse, sans grands marais, avec un terrain pierreux et accidenté, l'insalubrité soit si grande qu'elle ait mérité à la colonie le nom de charnier des Européens. La saison des pluies en rend compte, mais en partie seulement. A cette époque de l'année, l'air est chargé d'une si grande quantité d'humidité que toute l'éner-

gie vitale s'abolit avec d'autant plus de facilité que la tem-
pérature se maintient toujours élevée. Il faudrait, afin de
résister, suivre des règles hygiéniques qui n'ont pas encore
été convenablement tracées. Pour avoir une idée de la mor-
talité, il suffira de savoir que la garnison périt presque tout
entière dans l'espace de deux à trois ans seulement. Qua-
rante hommes de l'armée anglaise, choisis parmi les plus
robustes, hommes de bonne volonté, vinrent occuper la
ville, et deux ans plus tard il n'en restait plus environ qu'une
dizaine. M. Rain savait tout cela sans doute, mais la jeunesse
est confiante. Le soldat qui est en ligne dans une bataille
croit que les balles seront pour ses voisins et non pour lui.

Voici un fragment de la dernière lettre écrite par cet ami :

Sierra-Leone, 15 janvier 1819.

. . . .

. . . .

« Vous jouissez en France d'une douce société, celle d'un
véritable ami, M. D..., et moi, je suis presque seul ici. Pourtant un de mes compatriotes, M. C., ancien ingénieur du
cadastre, et, comme moi, victime de la gent philanthropique, m'a suivi à Sierra-Leone. Nous nous sommes liés,
quoique nos caractères diffèrent sensiblement. Il est vif,
pétulant même et plein de loyauté ; il a reçu une éducation
soignée et je lui reconnais un grand nombre d'excellentes
qualités ; mais ce qui trouble souvent la douceur de nos
relations, c'est la vivacité extrême qu'il apporte dans nos
discussions ; vous savez qu'avec moi il faut souvent discuter,
pourtant je n'aime pas qu'on en vienne à la dispute, et c'est
ce qui nous arrive parfois ; ces nuages heureusement sont
de courte durée et bientôt nous nous rapprochons, oubliant
le passé.

« Depuis trois mois j'occupe l'emploi de pharmacien de
l'hospice civil de la colonie et je suis en outre chargé d'une

pharmacie publique à l'usage des habitants. Ces fonctions m'occupent jusqu'à une heure de l'après-midi, après quoi je suis libre de mon temps. Le gouverneur, M. Maccarthy, me reçoit toujours très-bien et j'ai à me louer de toutes les personnes avec lesquelles j'ai des relations pour mon service, et en particulier de M. Sternouth, chirurgien de la colonie; je lui enseigne le français et il m'apprend l'anglais que je commence à parler passablement.

«Quelle riche moisson de plantes vous feriez ici, mon ami, et avec quelle rapidité vous augmenteriez les richesses de votre herbier! Je suis entouré de plantes qui pourraient faire l'ornement des serres d'un prince, et autant que je puis en juger, les espèces sont très-variées; malheureusement, plus elles sont belles, vivantes, plus elles perdent par la dessiccation; cela ne me décourage pas, et vous pouvez toujours compter sur moi.» . . . .

. . . .

De longs mois s'écoulèrent sans recevoir aucune nouvelle de M. Rain, et j'étais livré sur son sort à de cruelles inquiétudes, lorsque ses frères, instruits officiellement de sa mort, me la notifièrent; elle était arrivée dans la saison des pluies de 1820. Peu de temps après cet événement, M. Maccarthy, gouverneur de Sierra-Leone, vint à Paris[1]; j'allais le voir et m'annonçai comme un ami de M. Rain. Je vis un homme de grande taille, raide et sérieux de visage, qui me dit avec ce phlegme britannique, fort modifié depuis: «Si vous êtes digne de ce titre, Monsieur, je vous en félicite, car c'était le plus estimable jeune homme que j'aie connu. Je l'ai pleuré, Monsieur, moi qui ne pleure jamais.» — Peu à

---

1. Ce gouverneur eut une fin déplorable: voulant châtier une tribu de nègres dont il avait à se plaindre, il pénétra dans l'intérieur des terres, tomba dans une embuscade, fut tué et mangé par ces nègres qui étaient anthropophages.

peu il s'humanisa et devint communicatif. Tout ce qu'il me
dit de M. Rain, de son dévouement de tous les instants, de
sa douceur unie avec une rare fermeté, de la solidité de sa
raison et de la bonté de son jugement, ne m'apprit rien de
nouveau; mais je fus touché d'entendre l'éloge de cet ami
dans la bouche d'un étranger, franc jusqu'à la rudesse, qui,
en parlant, me semblait ému jusqu'aux larmes.

Telle fut la vie de M. Rain. Peut-être trouvera-t-on qu'elle
n'a donné lieu que d'une manière bien incomplète au développement de ses éminentes qualités, mais il fit tout le bien
qu'il pouvait faire. Pour en obtenir plus, il aurait fallu vivre
et la mort l'a frappé presque au début de sa carrière; mais
n'a-t-il pas suffisamment vécu, l'homme qui a trouvé moyen
d'être utile à ses semblables et qui a mérité de vivre dans
la mémoire de ses amis?

Strasbourg, impr. de Ve Berger-Levrault.

www.ingramcontent.com/pod-product-compliance
Lightning Source LLC
Chambersburg PA
CBHW051736050726
47598CB00003B/1214